Truffe e raggiri

Una guida per difenderti dai truffatori

Donata Salomoni

Indice

Introduzione

Per onestà intellettuale premetto che molti dei consigli e delle tecniche antitruffa e raggiro presenti in questo testo sono ispirati ai contenuti diffusi attraverso i siti ufficiali del Ministero della Difesa, della Polizia di Stato, dell'Arma dei Carabinieri e della Guardia di Finanza.

Quando si parla di sicurezza è fondamentale comprendere due distinte situazioni legate al concetto stesso di sicurezza:

1. **Sentirsi al sicuro**

2. **Essere effettivamente al sicuro**

Poiché la realtà non è modificabile e ti trovi nella dimensione del qui e ora, il punto da cui partire, per poter parlare di sicurezza personale è la tua percezione di sicurezza.

Sentirsi al sicuro non significa essere al sicuro. Per sentirsi al sicuro è necessario costruirsi una solida rete relazionale.

- Famiglia

- Amici

- Sanità

- Società civile: assistenza sociale

Per essere al sicuro è necessario imparare a difendersi dalle truffe più comuni che ti possono colpire:

1. All'interno della tua casa

2. All'esterno della tua zona di sicurezza

I servizi per aiutarti ed insegnarti a difenderti, esistono, impara ad usarli senza timore. In particolare mi riferisco:

- Ai servizi finanziari: bancomat – carte prepagate

- All'utilizzo base del computer

- Ai servizi socio-sanitari telematici e online

Al bisogno non vergognarti di chiedere aiuto.

1. Riconoscere i propri punti di debolezza per rafforzarli non è un segno di fragilità ma di consapevolezza, forza e coraggio.

2. In caso di necessità è fondamentale rivolgersi alle Forze dell'Ordine che sono sempre al servizio dei cittadini.

Sicurezza: significato e definizione

La sicurezza è uno dei bisogni fondamentali dell'uomo.

In tal senso è utile rifarsi alla **Scala dei Bisogni** (1954) di **Abraham Maslow** (1908-1970, psicologo statunitense, impegnato nello studio dei bisogni e delle motivazioni umane).

I bisogni fondamentali per ogni essere umano sono:

1. Bisogno su **base fisiologica**: fame, sete, sesso, riparo

2. Bisogno di **sicurezza** e protezione

3. Bisogno di **amore**, affetto e senso di appartenenza

4. Bisogno di **autostima** e prestigio

5. Bisogno di **autorealizzazione** e successo

I fattori socio-ambientali che ti fanno sentire al sicuro sono:

- Il controllo sul territorio

- L'appartenenza a reti sociali, assistenziali e sanitarie efficaci: pubbliche, convenzionate e private

- Le forze dell'ordine

Ulteriori fattori che ti fanno percepire sicuro e tutelato sono:

1. La certezza della pena per chi delinque

2. La tutela delle vittime

Nella **Dichiarazione Universale dei Diritti dell'Uomo,** promulgata il 10 dicembre 1948, dall'Assemblea Generale delle Nazioni Unite la sicurezza viene posta a fondamento dei diritti umani: *Articolo 3: "Ogni individuo ha **diritto alla vita**, alla **libertà** ed alla **sicurezza** della propria persona".*

Truffe e raggiri

Per vivere al sicuro e serenamente all'interno e all'esterno della tua casa è necessario attivarti, mettendo in atto comportamenti competenti, utili a garantirti sicurezza e serenità.

Le truffe, i raggiri, i furti e gli scippi, sono reati odiosi perché, oltre al danno subito che può variare da: fisico, economico e morale, ferisce la vittima nel profondo, generando sentimenti di inadeguatezza, vergogna e senso di colpa, per essere caduta nel raggiro, tanto palese, quando viene svelato.

Purtroppo, i casi denunciati, sono solo una minima parte. Molte truffe, infatti, non vengono denunciate, per vergogna o timore che i familiari, una volta avvertiti, non considerino più i propri cari capaci di gestirsi e difendersi autonomamente.

Come comportarsi in presenza di presunti truffatori

Ovviamente i truffatori non sono riconoscibili facilmente.

Si comportano sempre in modo molto gentile e spesso le vittime cadono nella loro trappola perché temono di risultare maleducate davanti a tanta gentilezza.

La paura di offendere spesso per gli anziani diventa un fattore di rischio.

In questi casi è opportuno, quando ti trovi in casa, non aprire mai la porta agli estranei e al citofono rispondere con un deciso 'non mi interessa' e se necessario, comunicare, altrettanto decisamente che a breve arriverà in visita un familiare.

Quando ti trovi fuori casa e qualcuno si avvicina per volerti aiutare in una qualsiasi situazione, per esempio se siete allo sportello per effettuare un prelievo al bancomat, in posta, o state riordinando la spesa al supermercato, è necessario allontanare il 'seccatore' in modo chiaro e deciso, anche se si mostra gentile con la minaccia se diventa insistente, di chiamare le forze dell'ordine.

Ogni volta che ti trovi fuori casa, è importante tenere sempre la borsa chiusa e sotto controllo il portafoglio e i documenti. Inoltre è consigliato tenere i soldi separati dai documenti.

Quando si fa la spesa, in negozio, al supermercato, al mercato rionale, non bisogna mai tenere il portafoglio aperto o in vista. Tale regola è sempre valida in particolare quando ci si reca in banca o in posta.

I soldi devono sempre essere tenuti al sicuro nella borsa chiusa o nelle proprie tasche. La cosa migliore sarebbe quella di abituarsi a pagare con il bancomat, la carta di credito o le carte prepagate. Utilissimi i servizi di banca online per fare bonifici in tutta sicurezza dal computer di casa propria.

Analisi delle truffe più comuni: prevenzione e difesa

Non aprire la porta di casa agli sconosciuti: mai, mai e poi mai!!!

Non aprire la porta di casa agli sconosciuti anche se indossano un'uniforme o dichiarano di essere dipendenti di aziende di pubblica utilità.

Nel dubbio, prima di aprire la porta di casa, verifica sempre con una telefonata da quale servizio sono stati mandati gli operatori che bussano alla tua porta e per quali motivi.

Il più delle volte l'eventuale truffatore come sente parlare di telefonare al servizio di riferimento si dilegua come neve al sole.

Se non ricevi rassicurazioni telefoniche dall'Ente non aprire per nessun motivo.

Ricordati sempre che nessun Ente manda personale a casa per il pagamento delle bollette, per rimborsi o per sostituire banconote false date erroneamente.

Per qualunque problema e per toglierti qualsiasi dubbio non esitare a chiamare le forze dell'ordine.

In banca o in posta non lasciarti distrarre

Quando fai operazioni di prelievo o versamento in banca o in un ufficio postale, possibilmente fatti accompagnare, soprattutto nei giorni in cui vengono pagate le pensioni e nei giorni di scadenza delle molteplici utenze e tasse.

Quando è possibile fai domiciliare sul tuo conto corrente, bancario e/o postale, tutte le utenze, le pensioni e i vari pagamenti a tuo carico così da non doverti preoccupare di girare con una somma elevata di contanti.

Non fermarti con degli sconosciuti in strada

Quando sei in strada non fermarti mai con gli sconosciuti anche se sembrano gentili e dimostrano buone intenzioni.

Non fermarti per dare ascolto a chi ti offre facili guadagni o a chi ti chiede di poter controllare i tuoi soldi o il tuo libretto della pensione.

Se hai il dubbio di essere osservato fermati all'interno della banca o dell'ufficio postale e parlane con gli impiegati o con chi effettua il servizio di vigilanza.

Se questo dubbio ti assale per strada entra in un negozio, un bar, un qualsiasi esercizio aperto al pubblico o cerca un rappresentante delle forze dell'ordine.

Durante il tragitto di andata e ritorno dalla banca o dall'ufficio postale con i soldi in tasca, non fermarti con sconosciuti e non farti distrarre.

Ricordati che nessun cassiere di banca o di ufficio postale ti insegue per strada per rilevare un errore nel conteggio del denaro che ti ha consegnato.

Quando utilizzi la carta bancomat sii prudente ed evita di operare se ti senti osservato.

Ogni istituto bancario possiede degli sportelli bancomat al proprio interno, serviti di questi sportelli negli orari di apertura della banca, di fatto sono i più sicuri.

Sempre a proposito di truffe e raggiri

La truffa del pacco da consegnare

In questo caso i truffatori si presentano a casa della vittima e dicono di dover consegnare un pacco con della merce ordinata dai figli o da altri parenti, oppure vinta non si sa bene a quale concorso.

Tipico l'espediente di essere stati sorteggiati ad un concorso e aver vinto!

Per ritirare il pacco, però, viene chiesto di pagare una somma di denaro che ovviamente finisce nelle tasche dei truffatori.

Truffe via posta o mail

La vittima riceve una lettera o una mail che annuncia la vincita di un premio ad una lotteria accompagnata da un modulo di richiesta dei propri dati bancari.

Questi moduli vanno cestinati poiché non esiste nessuna vincita, è una truffa!

Nessuno ha il diritto di chiedere i tuoi dati sensibili come password, pin, numero di conto corrente, documenti personali: numero della carta di identità, della tessera sanitaria, della patente, copie di bollette ecc…

Finte donazioni o eredità

In questo caso i truffatori agiscono in coppia, spiegando che per entrare in possesso della donazione o dell'eredità ricevuta da qualche fantomatico benefattore, è necessario perfezionare l'atto di trasferimento presso un notaio e il tutto deve essere fatto il più presto possibile.

Il notaio, ovviamente, esigerà il pagamento di una parcella e i truffatori accompagnano la vittima a ritirare i soldi e poi fingono di portarla in auto dal notaio.

Non seguire mai gli sconosciuti! Non salire in macchina di chi non conosci più che bene! Una volta in balia dei malfattori la tua vita è in pericolo!

Per bene che possa andare, grazie a questo pretesto, la vittima viene fatta scendere dall'auto e i truffatori fuggono col denaro o peggio, aggrediscono brutalmente il malcapitato per impossessarsene.

Falsi dipendenti di importanti Enti Statali

Lo ribadisco, non fare entrare nessun estraneo in casa tua!

Molti truffatori si travestono da elettricisti, idraulici, esponenti delle forze dell'ordine, falsi impiegati appartenenti a diversi enti pubblici.

Una volta individuato un anziano o comunque un soggetto fragile che vive solo, i truffatori cercano di introdursi nella sua abitazione presentandosi con finte qualifiche professionali.

Il passo successivo è sottrargli del denaro e/o dei preziosi con la scusa di controllare eventuali guasti in casa.

Generalmente, intanto che uno dei due malintenzionati distrae la vittima, l'altro con la scusa di controllare che non ci siano guasti, gira casa svaligiandola.

Consigli antitruffa

Riguardo le false autorità e forze dell'ordine

Polizia, Carabinieri, Guardia di Finanza e Polizia Municipale, operano di norma in coppia e con la divisa d'ordinanza.

Prima di aprire la porta, è bene controllare il tesserino e verificare che in strada sia parcheggiata l'auto di servizio.

Non bisogna aprire la porta a sedicenti agenti in borghese, che spesso chiedono di entrare con la scusa di dover controllare l'appartamento perché quelli vicini sono stati svaligiati dai ladri.

Truffatori: come riconoscerli

I truffatori normalmente si presentano vestiti elegantemente e con modi educati, a tratti ossequiosi.

Di norma agiscono in coppia, mostrandosi gentili ma decisi e cercano di disorientare la vittima con le chiacchiere o con velate conseguenze negative in caso non gli si dia retta.

L'esempio tipico è rappresentato dalla minaccia di dover pagare una multa o che la propria negligenza crei problemi ai familiari.

Tali truffatori conoscono il tuo nome e fingono di conoscere anche i tuoi figli o altri parenti a te vicini.

Attenzione quindi: non aprire la porta a nessuno, senza prima aver controllato la sua reale identità e un eventuale tesserino di riconoscimento.

Enti pubblici: Inps, Inail e Azienda Sanitaria Locale

Questi enti non hanno personale amministrativo che faccia visite a domicilio, quindi non bisogna aprire la porta a chi si presenta come ispettore per accertamenti sul ticket sanitario, controllo documenti o annuncio di rimborsi.

In particolare, aziende di servizi come gas, acqua, luce e telefono non arrivano mai senza prima annunciarlo, specificando all'utente l'ora, il giorno della visita e le ragioni dell'intervento. Spesso le riparazioni vengono comunicate direttamente in forma scritta, tramite l'affissione di un avviso all'entrata di casa, in particolare per la lettura dei contatori.

Visite di presunti volontari

Spesso i malintenzionati si presentano come volontari di associazioni di beneficenza.

È bene ricordare che queste associazioni non inviano volontari porta a porta. Di solito spediscono degli opuscoli con allegato un bollettino postale attraverso cui effettuare le donazioni.

Camminando in città

Quando si esce di casa, è bene camminare sul lato del marciapiede più lontano dalla carreggiata stradale per evitare che la borsa possa essere scippata da auto o motorini.

Attenzione: quando avviene uno scippo, bisogna lasciare subito la presa della borsa o dell'oggetto di scippo, per evitare di cadere a terra e venire trascinati, rimanendo feriti.

Se invece ti accorgi di essere seguito, la prima cosa da fare è entrare in un bar o in un negozio e avvertire le forze dell'ordine.

Consigli ai figli, ai nipoti e ai parenti stretti

1.   Non lasciate soli i vostri anziani, anche se non abitate con loro fatevi sentire spesso e interessatevi ai loro problemi quotidiani.

2.   Ricordategli sempre di adottare tutte le cautele necessarie nei contatti con gli sconosciuti. Se hanno il minimo dubbio fategli capire che è importante chiedere aiuto a voi, ad un vicino di casa, oppure alle forze dell'ordine.

3.   Ricordate che, anche se non ve lo chiedono, per paura o vergogna, hanno bisogno di voi.

Consigli per i vicini di casa

1.   Se nel vostro palazzo abitano delle persone anziane, scambiate ogni tanto con loro quattro chiacchiere. La vostra cordialità li farà sentire meno soli e più sicuri.

2.   Se alla loro porta bussano degli sconosciuti, esortateli a contattarvi per

chiarire ogni dubbio. La vostra presenza li renderà più sereni.

3.   Segnalate alle forze dell'ordine ogni circostanza anomala o sospetta.

Consigli per gli impiegati di banca o degli uffici postali

Quando allo sportello si presenta una persona anziana e fa una richiesta inusuale di denaro contante, dedicatele attenzione e rivolgendovi a lei serenamente tentate di comprendere la motivazione di tale prelievo.

Il soggetto può mostrarsi dubbioso riguardo tali attenzioni. Fategli comprendere gentilmente ma con chiarezza, il pericolo di portare con sé una grossa somma di denaro.

Inoltre è bene esortarlo ad usufruire ed utilizzare strumenti di pagamento alternativi al contante e decisamente più sicuri come il bancomat, la carta di credito, la carta prepagata e gli assegni.

Riflessioni conclusive

Mi piace pensare che in una società civile, malgrado l'oggettiva presenza di truffatori, le persone si aiutino a vicenda e non cedano alla paura e all'indifferenza, per vivere collettivamente un'esistenza condivisa e più sicura.

Mi dà sicurezza vedere le forze dell'ordine operative sulle nostre strade, nelle nostre città.
Vorrei che chi ci governa e amministra, grazie al nostro mandato, si assumesse il dovere e l'onere di proteggerci e di cautelarci da eventuali pericoli.

Mi piace inoltre pensare che in futuro vivremo in una società più sicura che trova il proprio senso e significato nella prosocialità, dove tutti gli individui riconoscono se stessi negli altri.

Se non riscopriamo il valore dell'empatia e della prosocialità, siamo destinati a vivere nella paura e nella solitudine, incapaci di creare intorno a noi delle reti sociali efficaci che ci consentano di vivere in sicurezza e serenamente.

Ti senti minacciato e insicuro nella gestione della quotidianità?

Hai paura di essere truffato, raggirato, derubato, scippato e aggredito?

In famiglia ci sono delle persone anziane che vorresti tutelare ma non sai bene cosa fare?

Se hai trovato utile questa guida non ti fermare qui. Ci sono ancora molte cose che puoi sapere, esigenze che sono tue e solo tue poiché, come mi ha insegnato l'esperienza, ogni realtà è a sé.

Per contattarmi puoi mandarmi una mail a <u>salomonidonata@gmail.com</u> e consultare il mio sito online <u>www.donatasalomoni.it</u>

Rispondo personalmente ad ogni mail e contatto, insieme possiamo decidere cosa è meglio per te.

Pagina autore

Ciao, mi presento sono Donata e voglio condividere con te le mie competenze così puoi valutare se ti posso essere utile.

Sono onorata che tu abbia scelto di leggere questo mio lavoro e di poterti conoscere anche solo virtualmente.

Il grande amore della mia vita è la filosofia, una disciplina viva e vitale, in continua trasformazione, in cui mi sono laureata nel 1991 e sempre guidata dall'amore per la ricerca nel 2003 ho frequentato un corso biennale in Psicologia giuridica e Criminologia clinica. Nel 2017 ho ampliato il mio percorso formativo diventando operatore nel colloquio motivazionale.

Ho il privilegio di insegnare filosofia, storia e scienze umane. L'esistenza mi ha insegnato a vivere con passione e l'insegnamento, il rapporto quotidiano con 'i miei ragazzi' come amo chiamarli, sono una costante fonte di ispirazione e insieme condividiamo esperienze cognitive ed esistenziali.

Inoltre mi sono occupata di vari progetti nel mondo della prosocialità, in particolare ho collaborato al Progetto Socrate dedicato al sostegno familiare dei padri in stato detentivo presso l'istituto penitenziario di Cremona.

Infine voglio condividere con te le mie esperienze nel mondo della ricerca interiore in quanto sannyasin di Osho, master Reiki e operatore Theta Healing.

Offro servizi di consulenza e prodotti informativi in diversi ambiti:

1. **Educativo.** Orientamento scolastico e approfondimento di specifiche tematiche riguardanti le scienze umane: filosofia, storia, psicologia, pedagogia, antropologia e sociologia.

2. **Sostegno familiare** per famiglie in difficoltà con minori.

3. **Criminologico.** Perizie e consulenze di parte.

La passione per lo studio, la riflessione e la scrittura, mi ha portato sin qui e oggi più che mai voglio creare uno spazio di condivisione con chi vuole cambiare se stesso per trasformare il mondo intorno a sé.